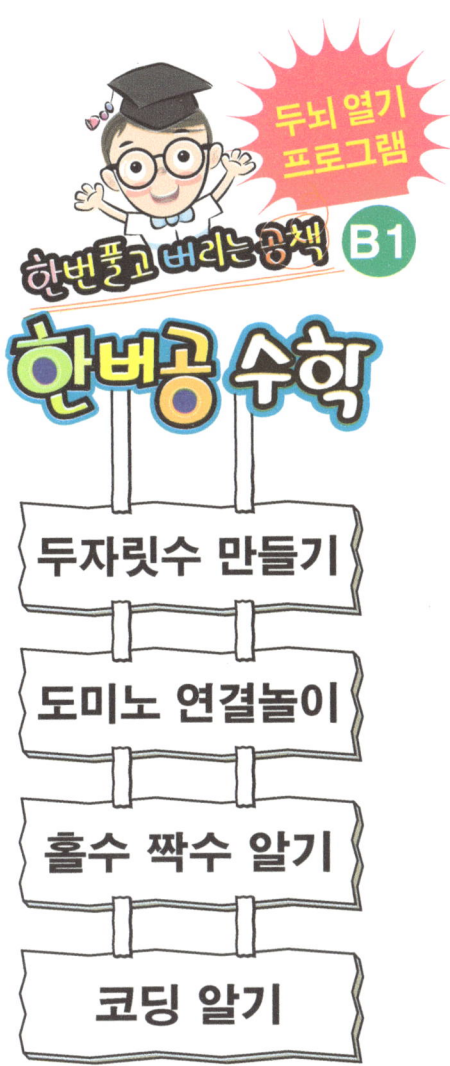

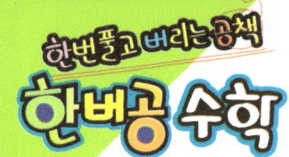

한버공 수학 단계별 교재내용

A1.	다각형 알기 도형 자르기 종이띠 겹치기 색종이 겹치기	**B1.**	두자릿수 만들기 도미노 연결놀이 홀수 짝수 알기 코딩 알기	**C1.**	모양 스도쿠 알기 십자 마방진 삼각 마방진 마방진
A2.	교차점 알기 색깔바구니와 구슬놀이 숫자 찾기 구슬 세기	**B2.**	빨노파 길찾기 가로등 불켜기 공필름 겹치기 길찾기	**C2.**	종이띠 색 구별하기 고리 연결하기 확대 알기 축소 알기
A3.	참, 거짓 알기 합집합 알기 차집합 알기 교집합 알기	**B3.**	뫼비우스의 띠 알기 원판 쌓기 OX연결 놀이 구슬 나누기	**C3.**	수직선 건너뛰기 수의 규칙 알기 주사위 눈의 합 놀이 둘레 비교하기
A4.	테트로미노 만들기 바둑돌 감싸기 좌표 알기 위치 기억하기	**B4.**	선대칭 알기 평행이동 알기 색도미노 연결하기 도형 연결하기	**C4.**	도형의 둘레 알기 눈금없는 자 놀이 직사각형 개수세기 같은 모양으로 나누기

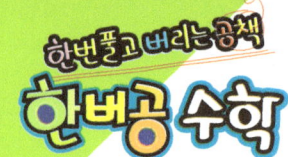

한버공 수학의 특징

1. 계산 위주의 교재가 아닙니다.

사칙연산을 반복적으로 하는 기존의 유아 수학 교재의 틀을 벗어난
새롭게 접근하는 사고력 위주의 교재입니다.

2. 영재 교육 과정 수학 교재입니다.

공간 지각력, 추리력, 분석력 등의 문제 유형을 다루는 영재교육과정
수학 교재입니다.(도형 자르기, 교집합 알기, 좌표 알기, 뫼비우스의 띠 알기 등)

3. 상위 10%의 유아 영재를 위하여 구성하였습니다.

간단한 덧셈, 뺄셈은 물론 수 세기(50까지) 등을 알고 있다는 전제 하에
한차원 높은 사고력 위주의 문제들을 다룹니다.

4. 문제의 접근 방식이 다양합니다.

한가지 주제에 대해 다양한 방법으로 문제를 제시하기 때문에
사고력의 틀이 저절로 형성됩니다.

한번풀고 버리는 공책

한버공 수학

두 자릿수 만들기

두 자릿수 만들기

● (보기)의 숫자 카드 2장으로 두 자릿수를 만들었습니다.

보기

| 1 | 2 |

| 1 | 2 |
| 2 | 1 |

위와 같이 숫자 카드 2장으로 두 자릿수를 만드는 방법은 2가지입니다.

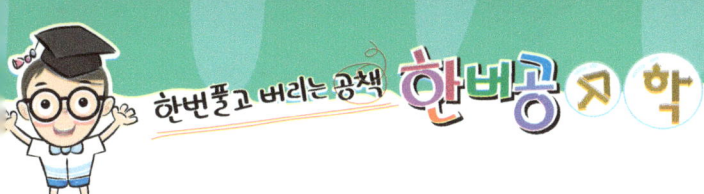 

두 자릿수 만들기

● (보기)의 숫자 카드 2장으로 만들 수 있는 두 자릿수는 2가지입니다. 빈칸에 알맞은 수를 쓰시오.

보기

| 1 | 3 |

| 1 | 3 |
| | |

두 자릿수 만들기

● (보기)의 숫자 카드 2장으로 만들 수 있는 두 자릿수는 2가지 입니다. 빈칸에 알맞은 수를 쓰시오.

보기

| 1 | 4 |

| 1 | 4 |

| | |

두 자릿수 만들기

● (보기)의 숫자 카드 2장으로 만들 수 있는 두 자릿수는 2가지입니다. 빈칸에 알맞은 수를 쓰시오.

보기

| 2 | 3 |

두 자릿수 만들기

- (보기)의 숫자 카드 2장으로 만들 수 있는 두 자릿수는 2가지입니다. 빈칸에 알맞은 수를 쓰시오.

보기

두 자릿수 만들기

● (보기)의 숫자 카드 2장으로 만들 수 있는 두 자릿수는 2가지입니다. 빈칸에 알맞은 수를 쓰시오.

보기

| 2 | 5 |

| | |
| | |

두 자릿수 만들기

● (보기)의 숫자 카드 2장으로 만들 수 있는 두 자릿수는 2가지입니다. 빈칸에 알맞은 수를 쓰시오.

보기

두 자릿수 만들기

- (보기)의 숫자 카드 2장으로 만들 수 있는 두 자릿수는 2가지입니다. 빈칸에 알맞은 수를 쓰시오.

두 자릿수 만들기

- (보기)의 숫자 카드 2장으로 만들 수 있는 두 자릿수는 2가지 입니다. 빈칸에 알맞은 수를 쓰시오.

보기

두 자릿수 만들기

- (보기)의 모양 카드 2장을 한 줄로 놓는 방법은 2가지 입니다. 빈칸에 알맞은 모양을 그리시오.

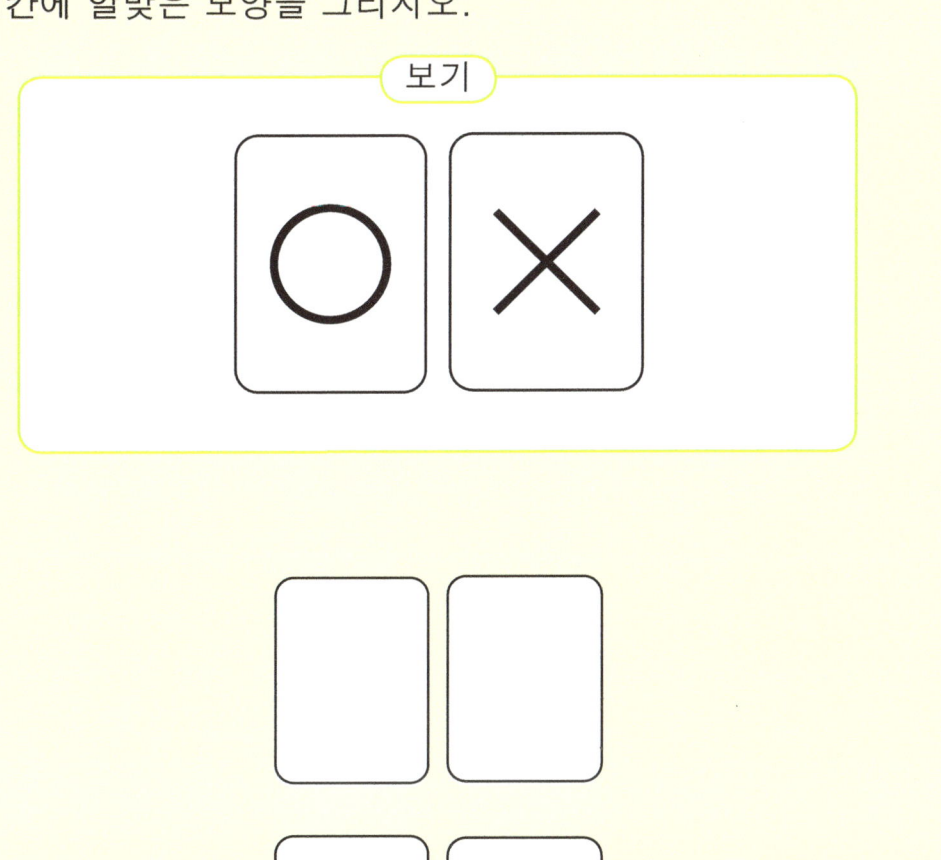

두 자릿수 만들기

● (보기)의 모양 카드 2장을 한 줄로 놓는 방법은 2가지 입니다. 빈칸에 알맞은 모양을 그리시오.

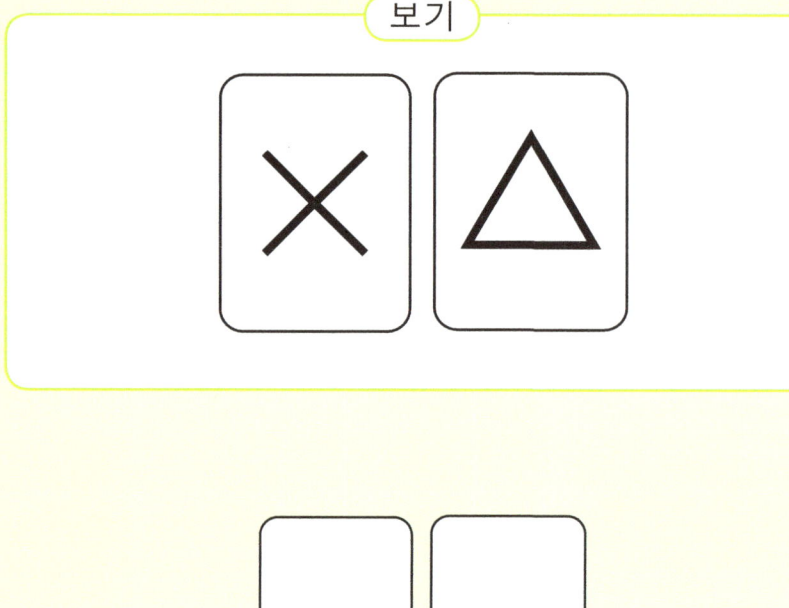

두 자릿수 만들기

● (보기)의 숫자 카드 3장으로 만들 수 있는 두 자릿수를 알아보시오.
  (모두 6가지가 있습니다.)

보기

| 1 | 2 | 3 |

1 2
1 3
2 1
2 3
3 1
3 2

두 자릿수 만들기

● (보기)의 숫자 카드 3장으로 만들 수 있는 두 자릿수는 6가지입니다. 빈칸에 알맞은 수를 쓰시오.

보기: 1 2 4

1 2
1 4
2 1
2 4
4 1
☐ ☐

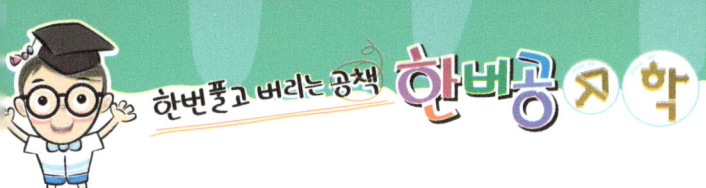 

두 자릿수 만들기

● (보기)의 숫자 카드 3장으로 만들 수 있는 두 자릿수는 6가지입니다. 빈칸에 알맞은 수를 쓰시오.

보기

| 2 | 3 | 4 |

2	3
2	4
3	2
3	4
4	2

해답과 풀이

두 자릿수 만들기 03쪽	두 자릿수 만들기 04쪽	두 자릿수 만들기 05쪽	두 자릿수 만들기 06쪽
3 1	4 1	2 3 / 3 2	2 4 / 4 2

두 자릿수 만들기 07쪽	두 자릿수 만들기 08쪽	두 자릿수 만들기 09쪽	두 자릿수 만들기 10쪽
2 5 / 5 2	3 4 / 4 3	3 5 / 5 3	4 5 / 5 4

두 자릿수 만들기 11쪽	두 자릿수 만들기 12쪽	두 자릿수 만들기 14쪽	두 자릿수 만들기 15쪽
○ ×	× △ / △ ×	4 2	4 3

카드의 순서는 위와 다를 수 있습니다.

도미노 연결 놀이

● 정사각형 2개를 연결하면 1개의 도미노가 만들어 집니다.

(도미노끼리 연결한 예)

(X)　　　　(X)　　　　(○)

도미노끼리 연결할 때는 최소한 한면이상 연결되야 합니다.

돌리거나 뒤집어서 나온 모양은 서로 같은 모양입니다.

★정사각형 2개를 연결한 것을 '도미노'라고 합니다.

도미노 연결 놀이

● 돌리거나 뒤집었을 때 같은 모양이 아닌 것에 X표 하시오.

① ▭▭ (   )

② ▯ (   )

③ ⌐ (   )

도미노 연결 놀이

● 도미노를 바르게 연결한 모양에 ○표 하시오.

① (　)

② (　)

③ (　)

도미노 연결 놀이

● (보기)의 도미노 2개로 만든 모양에 ○표 하시오.

보기

① ( )

② ( )

도미노 연결 놀이

● 〈보기〉의 도미노 2개로 만든 모양에 ○표 하시오.

보기

① ②

( )　　( )

도미노 연결 놀이

● (보기)의 도미노 2개로 만든 모양에 ○표 하시오.

보기

① ②

( )   ( )

도미노 연결 놀이

● 〈보기〉의 도미노 2개로 만든 모양에 ○표 하시오.

보기

① ( )   ② ( )

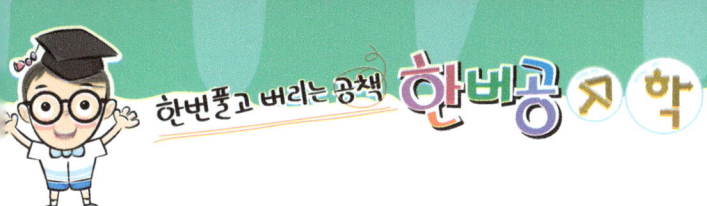 

도미노 연결 놀이

● (보기)의 도미노 2개로 만든 모양이 아닌 것에 X표 하시오.

보기

① ( )

② ( )

③ ( )

도미노 연결 놀이

● (보기)의 도미노 2개로 만든 모양이 아닌 것에 X표 하시오.

보기

① ( )

② ( )

③ ( )

도미노 연결 놀이

● (보기)의 도미노 2개로 만든 모양이 아닌 것에 X표 하시오.

보기

① ( )

② ( )

③ ( )

도미노 연결 놀이

● (보기)의 도미노 2개로 만든 모양이 아닌 것에 X표 하시오.

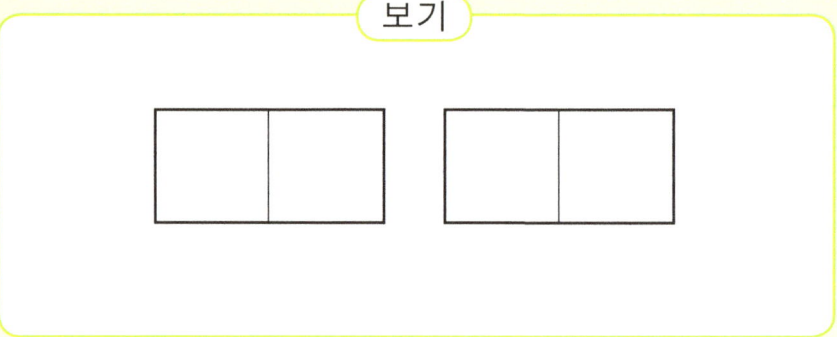

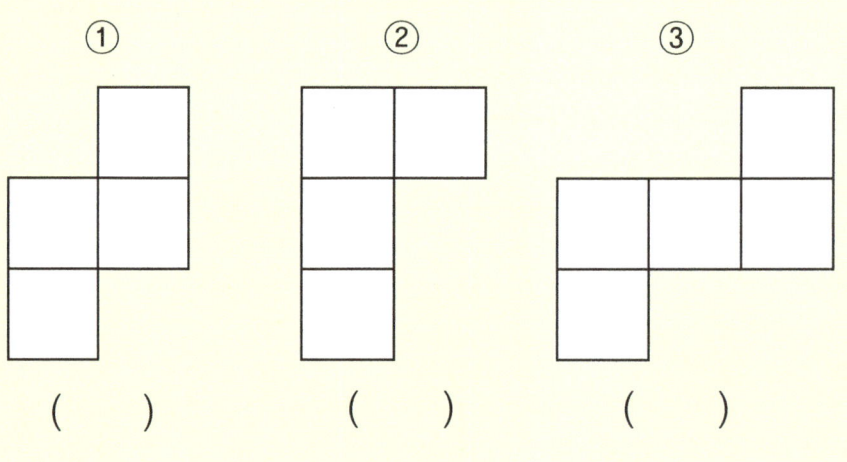

① ( )   ② ( )   ③ ( )

도미노 연결 놀이

● (보기)의 도미노 3개로 만든 모양에 ○표 하시오.

보기

① ( )

② ( )

13

도미노 연결 놀이

● (보기)의 도미노 3개로 만든 모양에 ○표 하시오.

보기

① ( )

② ( )

도미노 연결 놀이

● (보기)의 도미노 3개로 만든 모양에 ○표 하시오.

보기

① ( )

② ( )

해답과 풀이

도미노 연결 놀이 – 03쪽 ③

도미노 연결 놀이 – 04쪽 ③

도미노 연결 놀이 – 05쪽 ②

도미노 연결 놀이 – 06쪽 ①

도미노 연결 놀이 – 07쪽 ②

도미노 연결 놀이 – 08쪽 ①

도미노 연결 놀이 – 09쪽 ③

도미노 연결 놀이 – 10쪽 ①

도미노 연결 놀이 – 11쪽 ①

도미노 연결 놀이 – 12쪽 ③

도미노 연결 놀이 – 13쪽 ①

도미노 연결 놀이 – 14쪽 ①

도미노 연결 놀이 – 15쪽 ①

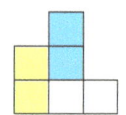

홀수 짝수 알기

● 홀수 짝수를 알아보시오.

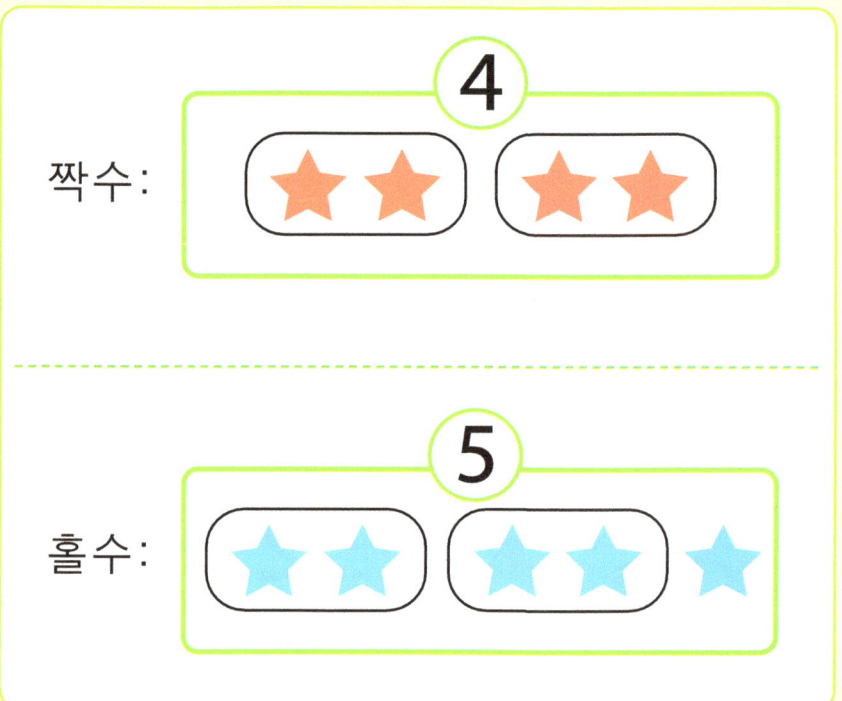

★ 둘씩 짝지어지는 수를 짝수, 그렇지 않은 수를 홀수라고 합니다.

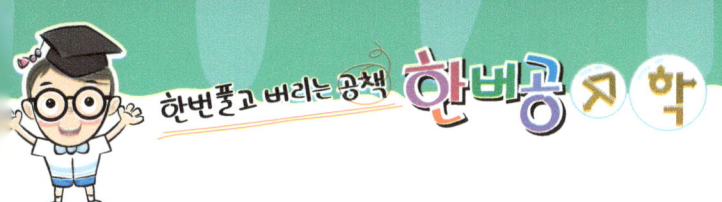

홀수 짝수 알기

● 홀수에 ○표 하시오.

① 　1 ◆　　( )

② 　2 ◆◆　　( )

홀수 짝수 알기

● 짝수에 ○표 하시오.

① 3 ♣♣♣   (　)

② 4 ♣♣♣♣   (　)

홀수 짝수 알기

● 1부터 시작하여 한 칸 건너 한 칸씩 ○표 하시오.

⑴ 2 ③ 4 5

6 7 8 9 10

★ 1, 3, 5, 7, 9 · · · 를 홀수라고 합니다.

홀수 짝수 알기

● 2부터 시작하여 한 칸 건너 한 칸씩 ○표 하시오.

1 ②　3　④　5

6　7　8　9　10

2, 4, 6, 8, 10··· 을 짝수라고 합니다.

홀수 짝수 알기

● 홀수에 모두 ○표 하시오.

1 2 3 4 5

6 7 8 9 10

홀수 짝수 알기

● 짝수에 모두 ○표 하시오.

1 2 3 4 5

6 7 8 9 10

홀수 짝수 알기

- (보기)의 숫자 중 홀수는 모두 몇개인지 맞는 것에 ○표 하시오.

보기

1　3　8　5
7　2　4　9

① **4** 개 　(　)

② **5** 개 　(　)

홀수 짝수 알기

● (보기)의 숫자 중 짝수는 모두 몇개인지 맞는 것에 ○표 하시오.

보기

1　2　3　10
6　7　8　4

① 4 개 (　)

② 5 개 (　)

홀수 짝수 알기

● 홀수끼리 있는 것에 ○표 하시오.

① 2 3 5 8 9 ( )

② 1 3 5 7 9 ( )

홀수 짝수 알기

● 짝수끼리 있는 것에 ○표 하시오.

① 2 4 6 8 10 ( )

② 1 3 4 6 9 ( )

홀수 짝수 알기

● (보기)를 보고 맞는 것에 ○표 하시오.

보기

$$1 + 3 = 4$$

① 홀수 + 홀수 = **홀수**　(　　)

② 홀수 + 홀수 = **짝수**　(　　)

13

홀수 짝수 알기

● (보기)를 보고 맞는 것에 ○표 하시오.

보기

$$2 + 4 = 6$$

① 짝수 + 짝수 = **홀수** (   )

② 짝수 + 짝수 = **짝수** (   )

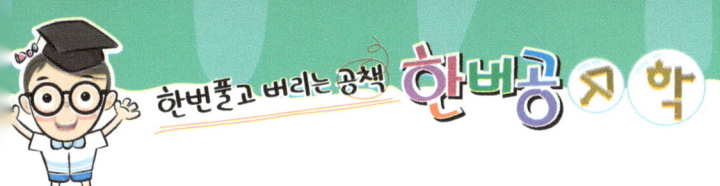

홀수 짝수 알기

● (보기)를 보고 맞는 것에 ○표 하시오.

보기

$$1 + 2 = 3$$

① 홀수 + 짝수 = **홀수**　(　)

② 홀수 + 짝수 = **짝수**　(　)

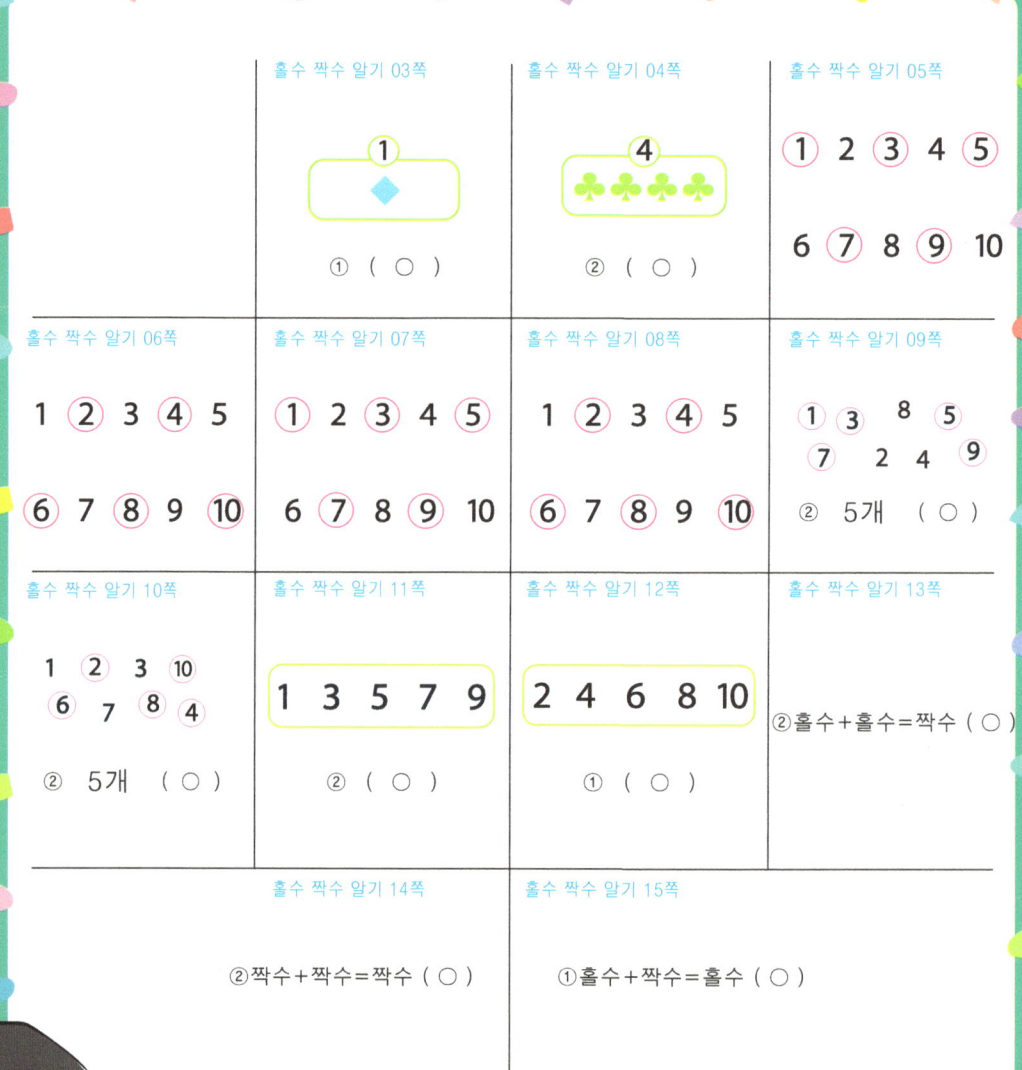

코딩 알기

● 명령어를 알아보시오. (개미는 명령대로 움직입니다.)

앞으로 한칸 가기

오른쪽으로 돌기

(예1) 명령어 : ➡

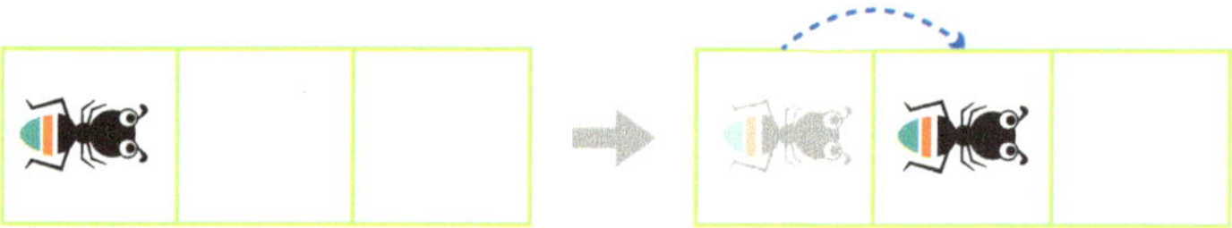

(예2) 명령어 : ↪ 같은 자리에서 방향만 오른쪽으로 돌립니다.

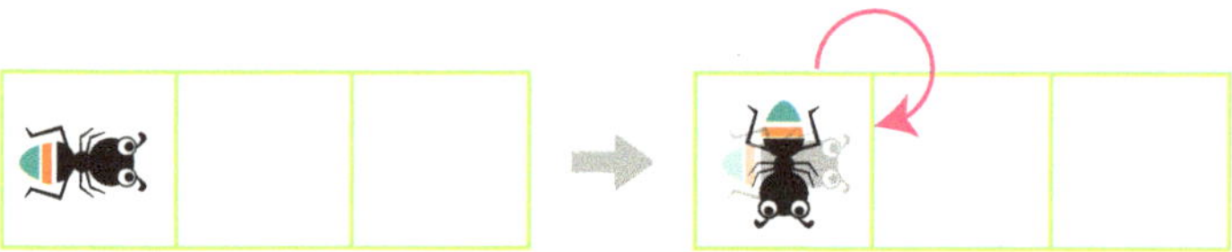

★ 일정한 규칙에 따라 움직이게 하는 기호 또는 문자 등의 명령어를 '코딩'이라고 합니다.

코딩 알기

● 코딩에 따라 개미가 도착한 위치가 맞는 것에 ○표 하시오.

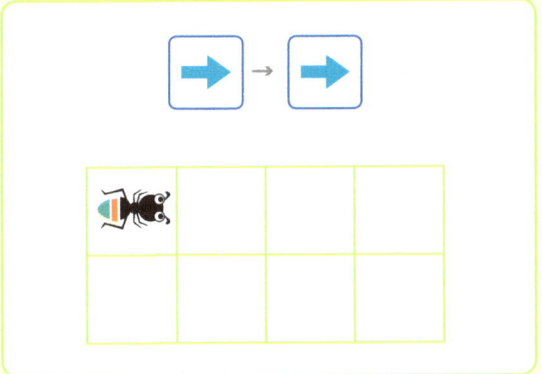

① ②

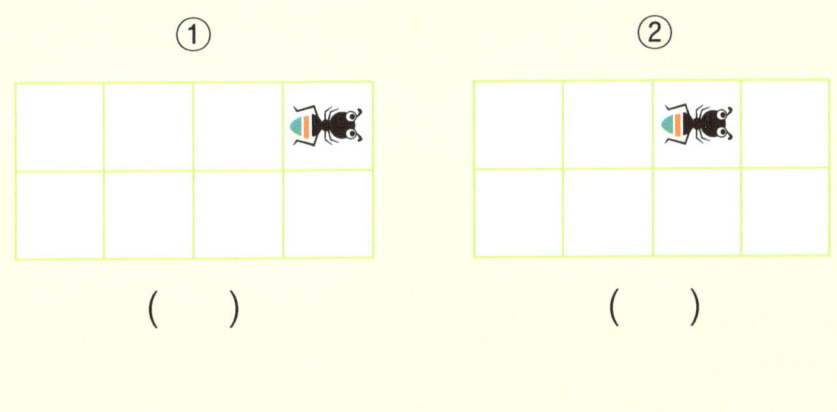

( )   ( )

코딩 알기

● 코딩에 따라 개미가 도착한 위치가 맞는 것에 ○표 하시오.

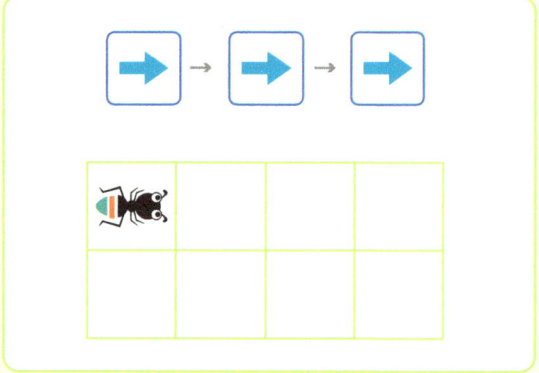

①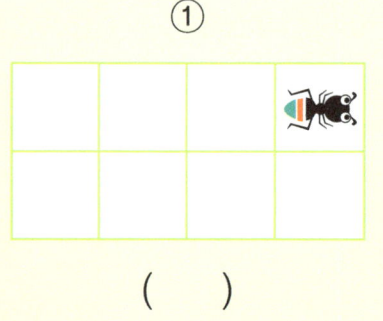

②

( )   ( )

코딩 알기

- 코딩에 따라 개미가 도착한 위치가 맞는 것에 ○표 하시오.

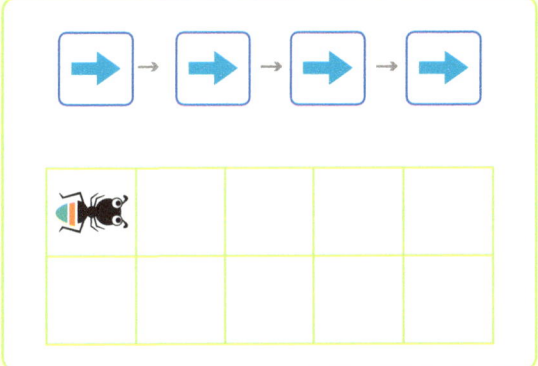

①   ②

( )   ( )

코딩 알기

● 코딩에 따라 개미가 도착한 위치와 모양이 맞는 것에 ○표 하시오.

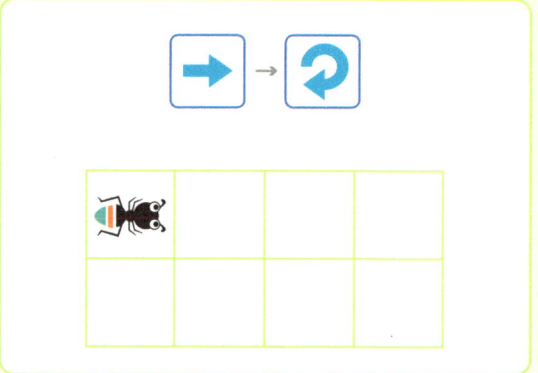

①   ②

( )   ( )

코딩 알기

● 코딩에 따라 개미가 도착한 위치와 모양이 맞는 것에 ○표 하시오.

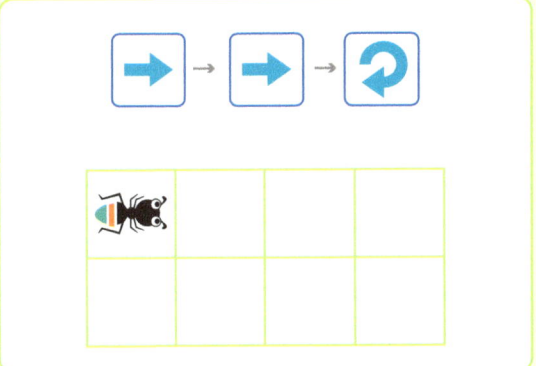

①   ②

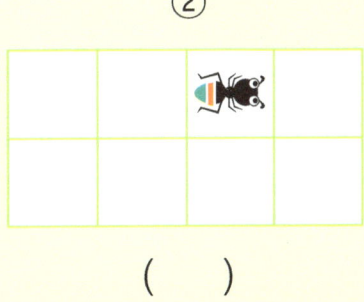

( )   ( )

코딩 알기

● 코딩에 따라 개미가 도착한 위치와 모양이 맞는 것에 ○표 하시오.

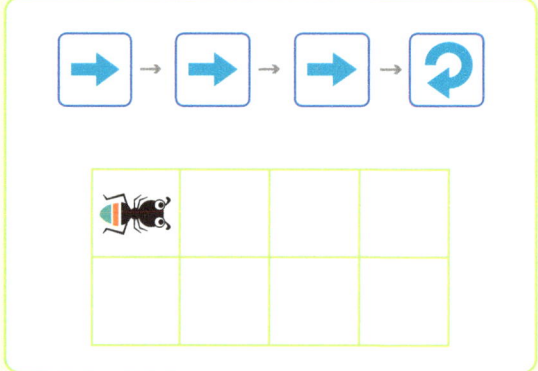

①   ②

( )   ( )

코딩 알기

● 코딩에 따라 개미가 도착한 위치와 모양이 맞는 것에 ○표 하시오.

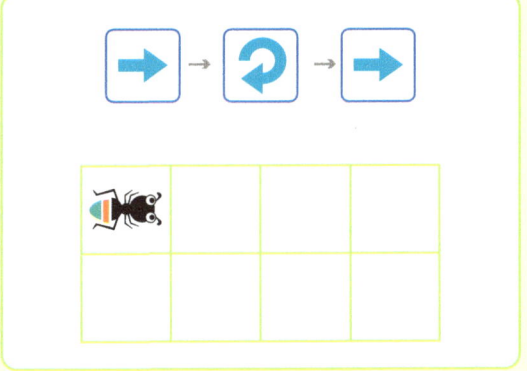

①   ②

( )   ( )

코딩 알기

● 코딩에 따라 개미가 도착한 위치와 모양이 맞는 것에 ○표 하시오.

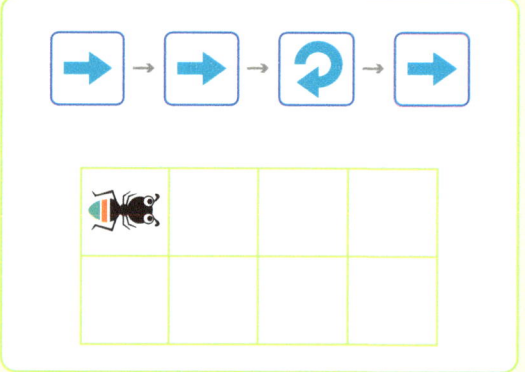

①

( )

②
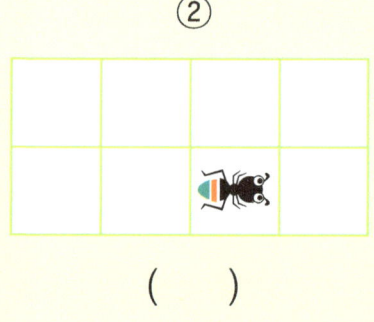
( )

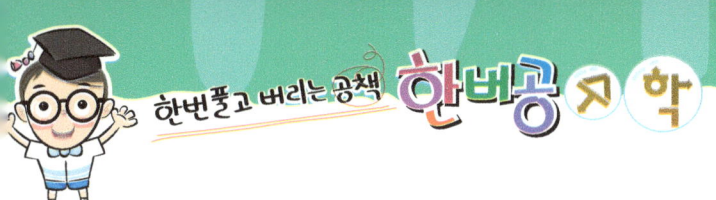

코딩 알기

● 코딩에 따라 개미가 도착한 위치와 모양이 맞는 것에 ○표 하시오.

① ( )

② ( )

코딩 알기

● 코딩에 따라 개미가 도착한 위치와 모양이 맞는 것에 ○표 하시오.

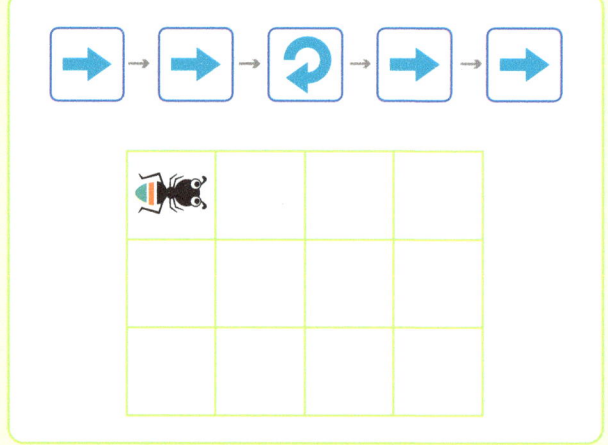

①

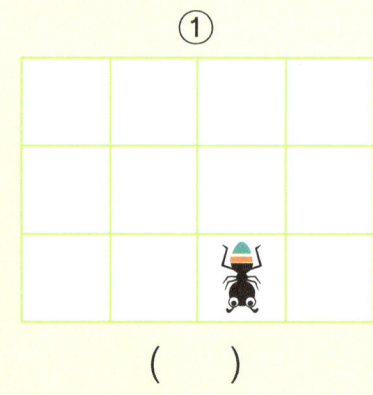

( )

②

( )

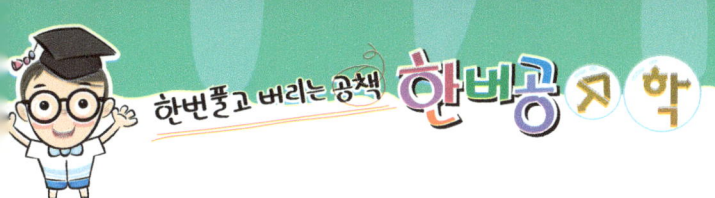

코딩 알기

● 코딩에 따라 개미가 도착한 위치와 모양이 맞는 것에 ○표 하시오.

① ②

( ) ( )

코딩 알기

● 개미가 옮겨진 위치를 보고 코딩이 맞는 것에 ○표 하시오.

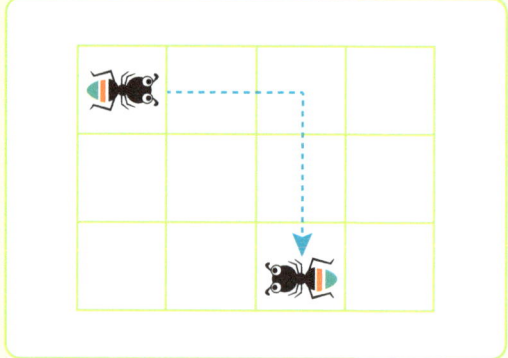

① →　→　↷　→　→　→　　(　　)

② →　→　↶　→　→　↶　　(　　)

코딩 알기

● 개미가 옮겨진 위치를 보고 코딩이 맞는 것에 ○표 하시오.

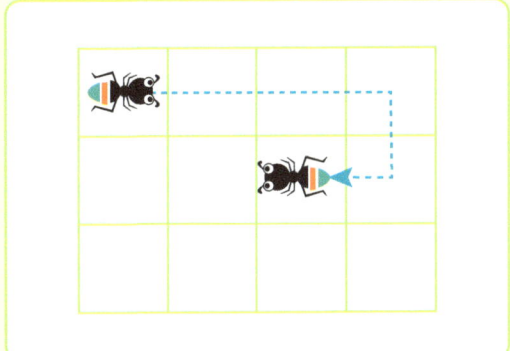

① →　→　→　↻　→　↻　→　　(　　)

② →　→　↻　→　→　↻　→　　(　　)

해답과 풀이

코딩 알기 03쪽	코딩 알기 04쪽	코딩 알기 05쪽
② (○)	① (○)	① (○)

코딩 알기 06쪽	코딩 알기 07쪽	코딩 알기 08쪽	코딩 알기 09쪽
① (○)	① (○)	② (○)	② (○)

코딩 알기 10쪽	코딩 알기 11쪽	코딩 알기 12쪽	코딩 알기 13쪽
① (○)	① (○)	① (○)	① (○)

코딩 알기 14쪽

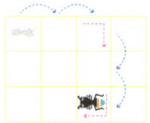

②  (○)

코딩 알기 15쪽

①  (○)

창의력 마당수학

4-7세의 상위 10% 영재아를 위한 수학 교재

쌓기나무 놀이

쌓기나무와 개수세기

쌓기나무와 모양익히기

쌓기나무 옮기기

색깔나무 놀이

색깔나무 위치알기

색깔나무 수세기

색깔나무 추측하기

스도쿠 놀이

스도쿠 알기

스도쿠 익히기

색깔 스도쿠

패턴 놀이

한줄 패턴 놀이

비교 패턴 놀이

회전 패턴 놀이

거울 놀이

거울 놀이(평면도형의 대칭)

거울과 숫자 한글 놀이

거울과 알파벳 시계놀이

코딩 교재

아주 쉬운 코딩 놀이는 23가지 언플러그드 활동 중심 코딩 게임 교사용 안내서입니다.

아주 쉬운 코딩 놀이

1. 카드 놀이
- 이진법 카드 놀이 ········· 12
- 이진법 비밀 카드 ········· 17
- 숫자 가리기 놀이 ········· 20
- 숫자 퍼즐 놀이 ·········· 31

2. 숫자 놀이
- 숫자로 그림 그리기 ······· 36
- 짝수의 비밀 ············ 43
- 리버시 게임 ············ 48
- 마음속의 숫자 ·········· 51

3. 네크워크 놀이
- 정렬 네크워크 ·········· 54
- 학교 가기 ············· 61
- 강 건너기 ············· 72

4. 전략 놀이
- 바둑돌 놓기 ············ 82
- 바둑돌 자리 바꾸기 ······ 87
- 님게임 ··············· 94

5. 퍼즐 놀이
- 무늬 블록 돌리기 ········ 98
- 9조각 퍼즐 ············ 100
- 3D 입체 영상 ·········· 104

6. 암호 놀이
- 암호문 만들 ········· 108
- 코딩 모양 타일 ······ 118

7. 순서도 놀이
- 순서도 놀이 ········· 130

8. 명령어 놀이
- 비행기 놀이 ········· 140
- 공놀이 ············· 144
- 개미 놀이 ··········· 148

 **아주 쉬운 코딩 놀이수학 ❶**

아주 쉬운 코딩 놀이 수학은 컴퓨터적 사고력을 길러주는 코딩 수학 학습지입니다.

1. 이진법 알기
2. 이진법 비밀 카드
3. 숫자로 그림 그리기
4. 짝수의 비밀
5. 정렬 네트워크
6. 학교 가기

  **아주 쉬운 코딩 놀이수학 ❷**

아주 쉬운 코딩 놀이 수학은 컴퓨터적 사고력을 길러주는 코딩 수학 학습지입니다.

1. 바둑돌 놓기
2. 무늬 블록 돌리기
3. 암호문 풀기
4. 코딩 모양 타일
5. 순서도
6. 비행기 놀이

한버공 수학 B1

초판 발행일 : 2018년 1월 10일
지은이 : 한버공
펴낸 곳 : 청송문화사
　　　　　서울시 중구 수표로 2길 13
E-mail : kidlkh@hanmail.net
전화 : 02-2279-5865
팩스 : 02-2279-5864
등록번호 : 2-2086 / 등록날짜 : 1995년 12월 14일

가격 : 8000원

잘못 인쇄된 책은 서점이나 본사에서 바꿔 드립니다.
ISBN : 978-89-5767-316-4
ISBN : 978-89-5767-311-9(세트)

본 교재의 독창적인 내용은 저작권법에 의하여 보호받고 있습니다.